Stefan Vögel
Klaus Lerch

Grüß Gott
in Voradelberg

mit Illustrationen von Josef Vögel

Stefan Vögel, Klaus Lerch:
„Grüß Gott in Voradelberg"
Das Buch zum Kabarett

Illustrationen: Josef Vögel

Gesetzt aus der Monotype Bembo
bei EGGER & LERCH

Herstellung: Libri Books on Demand

ISBN 3-9015-7901-X

Gewidmet
unseren Eltern, Michaela, Oliver, Barbara und Kurt
sowie den Mitgliedern der Kabarettgruppe
„Grüß Gott in Voradelberg"

*Mir gond mitanand,
es ischt denn miandr a Schand.*

Inhalt

Vorbemerkung:

Der Einfachheit halber wird in diesem Buch meist nur vom „Vorarlberger", also in der männlichen Form, gesprochen. Wir möchten aber ausdrücklich betonen, daß damit selbstverständlich nur die männlichen Vorarlberger und nicht etwa auch die Vorarlbergerinnen gemeint sind, denn in Vorarlberg haben bekanntlich die Vorarlberger und nicht die Vorarlbergerinnen das Sagen. Das ist nun einmal so, und dafür können die Autoren wirklich nichts, odr.

Lieber Fremder!

Jetzt sind Sie da. Sei es, daß der Urlaub Sie ins Ländle verschlagen hat, sei es, daß die Liebe daran schuld ist oder Ihr Arbeitgeber, keine Angst: Wir lassen Sie nicht mit 350.000 Vorarlbergern und deren Sitten allein. Vielleicht überlegen Sie es sich nach der Lektüre dieses Buches ja noch einmal und ziehen dann doch lieber nach Brasilien. Soll ja auch ganz schön sein. Aber wenn Sie fest entschlossen sind, im Ländle zu bleiben, dann sollten Sie auch wissen, daß große und – um es gleich vorwegzunehmen – nahezu unlösbare Probleme auf Sie zukommen: Der Vorarlberger ist ein konservativer Stockfisch und wird es immer bleiben, der Bischof ist Bischof und wird es vermutlich noch eine Weile bleiben. Und das ist noch nicht alles. Doch Gott sei Dank gibt es dieses Buch. Es wird Ihnen Schritt für Schritt die reale und die gedankliche Welt des Vorarlbergers näherbringen und Ihnen das Überleben im Ländle erleichtern. Sie werden sehen, dank dieses Buches werden Sie es auch noch zum Vorarlberger bringen wie 350.000 vor Ihnen. Und sonst können Sie immer noch nach Brasilien ziehen. Wir wünschen Ihnen jedenfalls viel

Spaß beim Lesen und Lernen und begrüßen Sie hier bei
uns in diesem Buch mit einem internationalen

Grüß Gott in Voradelberg !
Uelcam tu Foradelbörg !
Biävenü à Voradelbersch !
Guten Tach in Voalbearch !
Salli zämme z'Voradelbärg !
Buonenotti à Premontedenobilità !
¡Holà, muchachos en Ländle !

Feldkirch, im Frühjahr 1992

Stefan Vögel   Klaus Lerch

Das Phantombild eines körigen Vorarlbergers

Körig

Ma sött tuo wi d'Lütt,
dänn gaut as oam ou
wio da Lütto.

Wenn Sie tief in Ihrem Herzen den aufrichtigen Wunsch hegen, ein echter Vorarlberger zu werden, dann kommen Sie auch nicht umhin, die wahrhaft vorarlbergerischste aller Vorarlberger Eigenschaften anzunehmen: „körig" zu sein. Damit Sie es jedoch schaffen, körig zu werden, müssen Sie zuerst wissen, was das Wort überhaupt bedeutet. Nein, nicht nur das, Sie müssen jede Nuance dieser Vokabel im Schlaf beherrschen und diese auch in jeder Situation anwenden können.

Als Laienvorarlberger werden Sie in Ihrer Einfalt vermuten, daß der Ausdruck vom hochdeutschen „gehörig" abgeleitet ist und ihn in diesem Sinne in ihrer Konversation gebrauchen. Schon sind Sie als Nichtvorarlberger enttarnt. Denn alles, was das bedeutungsarme Hochdeutsch diesem Wort zur Verfügung stellt, sind ein paar belanglose Floskeln wie z. B. „eine gehörige Tracht Prügel". Nicht so im Vorarlbergerischen. „Körig" kann alles sein, ja, muß etwas sogar sein, um wahrhaft vorarlbergerisch zu sein. Die Schwierigkeit jedoch liegt darin, daß das Wort seine Bedeutungen wechselt wie das österreichische Kabinett seine Minister. Ein Beispiel: „An köriga Vorarlberger" ließe sich mit „ein echter Vorarberger" bzw. „ein Vorarlberger Vorarlberger" übersetzen (womit augenscheinlich ist, daß „körig" als Ergänzung zu „Vorarlberger" sprachlich überflüssig ist).

Jedoch nicht nur eine Person kann „körig" sein. Betrachten wir als zweites Beispiel eine Nudelsuppe. Nehmen wir an, Gott hat Sie als Nudelsuppe erschaffen (verglichen mit dem, was Gott dem armen Hiob im Alten Testament angetan hat, ist das noch nicht das schlimmste). Will eine Nudelsuppe in Vorarlberg als „körige Nudelsuppe" voll akzeptiert werden (und nur als solche hat sie im Ländle eine Daseinsberechtigung), so sollte sie besser heiß, schmackhaft, nährstoffreich und aus echten Rindsknochen zubereitet sein.

An diesem Beispiel sieht man bereits die Bedeutungsvielfalt dieser Vokabel (zumal die für eine Nudelsuppe obligaten Eigenschaften dem oben erwähnten Vorarlberger nicht eigen sein müssen, um „körig" zu sein, will heißen, ein köriger Vorarlberger muß nicht heiß, schmackhaft, nährstoffreich und aus echten Rindsknochen zubereitet sein). Vermutlich erst jetzt wird dem Laien deutlich, wie diffizil das sprachliche Problem ist, das er bewältigen muß. Dabei darf jedoch nicht vergessen werden, daß es sich hier lediglich um ein einziges Wort handelt, deren das Vorarlbergerische viele besitzt. Doch keine Angst: Da „körig" auch das bedeutungsschwangerste aller Vorarlberger Wörter ist, können Sie getrost ca. 80% ihrer Konversation mit diesem einen Wort bestreiten, ohne dabei als Nichtvorarl-

berger enttarnt zu werden (denn die körigen Vorarberger
tun nichts auf der Welt lieber, als darüber zu diskutieren,
ob eine bestimmte Person, ein Ding, eine Tat oder ein
Ereignis denn nun körig sei oder nicht). Und damit auch
Sie mitreden können, lernen Sie am besten die folgende
Liste praktischer Beispiele körig auswendig:

Eine Sache ist körig	**wenn folgende Eigenschaften zutreffen**
Lungenentzündung	gefährlich, lebensbedrohlich (mind. 40° Fieber)
Fahrrad	stabil, mind. 3-gängig, nicht zu teuer, nicht zu billig
Moatle (Mädchen)	fleißig, folgsam, jungfräulich (nicht unbedingt hübsch)
Frau	fleißig, folgsam, nicht mehr jungfräulich
Pfarrer	gesetzten Alters, zölibatär, autoritär, bischofstreu
Watscha (Ohrfeige)	schallend, schmerzlich, im Gedächtnis bleibend
Urlaub	2-wöchig, an einem Gewässer, Hitze,

	Pauschalbuchung (keinesfalls: Wohnwagen, Trampen, Interrail)
Unfall	Totalschaden, zumindest Schwerverletzte, Schaulustige, Blut
Liech (Begräbnis)	reich an Tränen, reich an Trauergästen, reich an Totenrednern, reich an Gulasch
A'glegg, Häs (Kleidung)	weibl.: nicht zu kurz, Faltenrock mit Blumenmuster, Bluse (hochgeschlossen); nicht zu frech, nicht zu bunt, bevorzugte Farbe: „mungelbru" männl.: Schnürlsamthose (Grün-, Grau-, Braun-Töne), kann „abgewetzt" sein (allemal besser als eine neue Jeans), Flanellhemd (kariert)
Essa (Essen)	muß schwer im Magen liegen
Arbat (Arbeit)	handwerklich, schwielenerzeugend, nicht zuviel Geld einbringend, gefragt

	als Schwarzarbeit, keines- falls: Schauspieler, Musiker, Maler (außer nebenbei) sowie G'schtudierte (außer Theologen und Astronauten)
Hus (Haus)	zweistöckig, stabil (kein Fertighaus), eingezäunt, kein Schnickschnack, erlaubt: Wintergarten, neuerdings auch Erker
Strof (Strafe i. d. Schule)	a körige Watscha, mind. 50mal denselben Satz schreiben, und „em Vater säg i's o no, denn kriagsch döt o nochamol a Watscha"
Zeugnis	Religion: 1, Betragen: Sehr zufriedenstellend
Fest	genug und körig zu essen, und „an köriga Dampf"

Aus Gründen des besseren Verständnisses sei zu guter Letzt ein Musterbeispiel vollendeter Körigkeit aus der Praxis angeführt. Es handelt sich im folgenden um den Fall Klothilde S., der sich in den Novembertagen des Jahres 1990 zugetragen hat und über den die „Vorarlberger Nachrichten" unter dem Titel „Schon wieder

Raubversuch an alter Frau" berichteten. Die 84jährige Klothilde S. hatte sich allein in ihrer Wohnung befunden, als plötzlich ein wildfremder Mann vor ihr stand, der in der Folge als fahrender Händler aus Krems(!) identifiziert werden konnte. Zitat VN: „Der Mann forderte die Frau auf, ihm 50.000 S zu geben, sonst bringe er sie vor Gericht(!). Da sie kein Bargeld zu Hause hatte, fagte er sie, ob sie ein Sparbuch habe. Sie bejahte die Frage und erklärte auf sein Drängen, den Betrag abheben zu wollen." Von den Reportern befragt, warum sie denn mit dem Geld so ohne weiteres herausgerückt wäre, erklärte Klothilde S: „lch hab' gefürchtet, des könnt a Gschicht geben, des mit dem Gricht".

A körige Arbat

Gfehlt

*Des hot ka Händ und
ka Füaß.*

Das Gegenteil von „körig" wird im Vorarlbergerischen als „gfehlt" bezeichnet. Wichtig: Zwischen „körig" und „gfehlt" gibt es kein Mittelding, d.h. wenn etwas nicht „körig" ist, dann ist es notgedrungen „gfehlt" und somit unstatthaft, unzulänglich und vollkommen unvorarlbergerisch (Kenner der fernöstlichen Philosophie werden hier unschwer das Prinzip von Yin und Yang wiedererkennen).

Beispiel: Eine Lungenentzündung mit 39° Fieber hat in Vorarlberg nichts verloren.

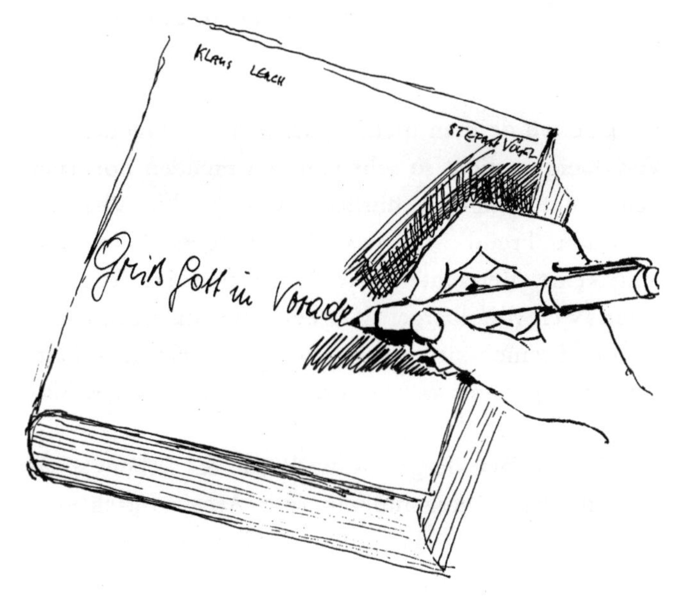

A gfehlte Arbat

Die Freuden des Vorarlbergers

Liabr spata as warta.

Als Laie würde man meinen, daß sich die Freuden des Vorarlbergers nicht so sehr von den Freuden normaler Leute unterscheiden dürften. Weit gefehlt. Was des Fremden Freud', ist des Vorarlbergers Leid und umgekehrt. Betrachten wir Arbeit und Freizeit: Für einen Nichtvorarlberger ist Arbeit eine von Gott, seiner Frau und seinen hungrigen Kindern aufgebürdete Last, ein Laster gar, mit welchem die Welt nun mal geschlagen ist.

Für den Vorarlberger ist die Bürde des Lebens seine Freizeit, die er nur mühsam mit Arbeit totschlagen kann. Sein ganzer Haß gilt den Gewerkschaften, die gegen ihn und seine Arbeit ankämpfen, ihm 128 von 168 möglichen Arbeitsstunden einer Woche rauben und ihn so in die Illegalität treiben, da er nur noch durch Schwarzarbeit zu seiner täglichen Dosis Arbeit kommt. Selbst nach einem mehrwöchigen Entzug in den Sommerferien wird der Vorarlberger meist sofort wieder rückfällig.

Zwischen 60 und 65 erlischt sein Lebenslicht endgültig, denn die Regierung in Wien verleidet ihm (mit gefinkelten Ruhensbestimmungen) jede weitere Betätigung. Was tut der Vorarlberger also: Er dämmert auf Kaffeekränzchen und Veteranentreffen vor sich hin und geht einmal im Jahr auf die Dornbirner Messe, wo er noch zwanzig Jahre lang dieselben Rasenmäher anschaut, noch zwanzig Jahre lang ein Grillhuhn im Wirtschaftszelt ißt, bis ihn der liebe Gott irgendwann zu sich in den Himmel holt (wohin sonst, da er vor lauter Arbeit gar keine Zeit zum Sündigen gehabt hat), wo er endlich den wahrhaft himmlischen Zustand erlebt, bis in alle Ewigkeit 168 Stunden in der Woche arbeiten zu dürfen.

All dra

Sparsamkeit ist eine der typischsten Vorarlberger Eigenschaften. Sie macht auch vor der Konversation nicht halt. Der Vorarlberger verabscheut das Schwatzen und Schwadronieren, wie es die Wiener lieben, er kann alle -ismen auf den Tod nicht ausstehen (einzig mit dem Föderalismus kann er sich anfreunden) und beschränkt sich beim Sprechen auf einfache, allgemeinverständliche Ausdrucksformen. Allein Autoren, Künstler, Politiker und diejenigen, die das Kulturtrauma (siehe Seite 54 ff.) durchlebt haben, utilisieren temporär eine sophistische Diktion, die sie sich mittels hochgelehrter Bücher mühsam erarbeitet haben. Falls Sie jedoch nicht zu den eben erwähnten Berufsgruppen gehören, müssen Sie die Grundzüge heimischer Konversation erlernen. Nehmen wir an, Sie treffen jemanden, den sie bereits kennen. Was sagen Sie? Sie sagen: „Zeawas, so, wia hosch es all?" Geht es dem Gefragten gut, so wird er antworten: „Momol, all dra." Damit will er sagen, daß er gottlob arbeitsfähig ist. Hier sehen wir bereits ganz deutlich den Unterschied zum Wienerischen. Ein Wiener würde mit derselben Antwort ausdrücken, daß es ihm zur Zeit ganz miserabel geht. Geht es Ihnen nicht besonders gut, sagen Sie nur: „Momol", und wenn es Ihnen gar äußerst schlecht geht, sagen Sie am besten gar nichts oder maximal „Eba". Spüren Sie jedoch bereits den Hauch des Todes in Ihrem Nacken, dann greifen Sie auf die depressivste und fatalste Antwort zurück, die das Sprachrepertoire dem Vorarlberger zur Verfügung stellt: „Ka net schaffa".

Ein kleiner Tip für die Menschenfeinde unter den Lesern: Kommt ein Vorarlberger, den Sie nicht mögen, im Zuge seines wohlverdienten Samstagnachmittagsspaziergangs an Ihrem Haus vorbei und fragt Sie nach Ihrem Wohlbefinden, so können Sie ihm und seiner Familie den Tag verderben, indem Sie mit „Momol, all dra" antworten. Er wird augenblicklich umkehren, seine Frau und Kinder links liegen lassen, schlechten Gewissens nach Hause rennen und eine Arbeit suchen, die er noch erledigen könnte. Findet er keine, so wird er sich notfalls eine erarbeiten.

All dra

Zur Sprache

*Weniger reda – meh
tuo – heat s'Mul a Ruo*

Noch bis vor einigen Jahren war es für einen Vorarlberger normal, im Osten Österreichs (d. h. östlich des Arlbergs) aufgrund seines Dialekts oder – sofern aus Rücksicht auf seine anderssprachigen Gesprächspartner Hochdeutsch sprechend – seines unverwechselbaren Akzents wegen als Schweizer abqualifiziert zu werden. Unermüdliche Aufklärungsarbeit vieler in der Ferne lebender Vorarlberger hat in jüngster Zeit aber auch bei der Bevölkerung der übrigen Bundesländer zu einer verstärkten Sensibilisierung für fremde Kulturen und deren Sprachen geführt. Vorarlbergerisch als Sprache ist inzwischen nicht mehr einfach ein komisches „Schwizerdütsch", sondern als eigenständige Mundart anerkannt, die als exotisch und irgendwie lieb empfunden wird.

Doch auch wer sich als Außenstehender redlich bemüht, mit einem waschechten Vorarlberger in dessen Muttersprache zu kommunizieren, stößt immer wieder an Grenzen. Geeignete Literatur zur Erweiterung des Wortschatzes ist derzeit leider erst in Ansätzen verfügbar, deshab sei hier eine kurze einschlägige Lektion eingeschoben, die die gravierendsten Wissenslücken zu schließen versucht.

Vorausgeschickt seien einige grundsätzliche Fragen, die sich beim Sprachstudium zwangsläufig ergeben:

1.) Vorarlbergerisch wird derzeit nur von rund 300.000 bis 500.000 Menschen tatsächlich beherrscht (je nachdem, wie hoch die Zahl der Auslandsvorarlberger bzw. der assimilierungsunwilligen Ausländer und Innerösterreicher geschätzt wird). Es stellt sich daher die Frage, ob Sie Ihre Talente und/oder Bemühungen nicht doch lieber einer etwas weiter verbreiteten und einfacheren Sprache – z. B. Japanisch oder Russisch – widmen wollen.

Also: Vorarlbergerisch lernt man nur bei ausdrücklichem Bedarf (Geschäfts- oder Liebesbeziehungen z. B.), um einzelne Menschen zu beeindrucken, nicht jedoch aus kosmopolitischer Einstellung allein (auch wenn Ihnen das viele Vorarlberger unterschwellig suggerieren wollen).

2.) Vorarlbergerisch gibt es eigentlich gar nicht. Das muß an dieser Stelle einmal mit aller Deutlichkeit festgehalten werden. Denn kaum ein anderer Dialekt kann mit derart vielfältigen regionalen Ausprägungen aufwarten wie das sogenannte Vorarlbergerische. Wenn Sie jetzt glauben, es gehe hier nur um feine Nuancen, die von Bergtal zu Bergtal jeweils eine etwas andere Farbe in die Sprache bringen, unterschätzen Sie das Problem gewaltig. Ein Einheimischer schafft es mühelos, allein anhand der Aussprache des Wortes „daheim" einen Vorarlberger auf höchstens 10 Kilometer genau seinem Geburtsort zuzuordnen (vorausgesetzt natürlich, die Sprache des Betreffenden wurde nicht durch den Umgang mit Zugezogenen oder Bekannten aus anderen Gegenden verwässert).

Von Extrembeispielen, wie z. B. Lustenauerisch, sei hier im Interesse der gebotenen Kürze einmal ganz abgesehen.

Also: Grenzen Sie Ihre sprachlichen Ambitionen geographisch möglichst präzise ein. Einen Nüziger (nicht Nüziderser!) oder Sulner (nicht Sulzer!) können Sie mit Dorabirerisch-Kenntnissen zwar gerade noch verstehen, Ihr Gesprächspartner wird Sie aber dennoch nicht als einen der Seinen ansehen.

3.) Wer Vorarlbergerisch nicht wirklich perfekt beherrscht, läuft Gefahr, auch im Umgang mit Vorarlbergern keinen echten Dialekt zu Ohren zu bekommen. Ein Mechanismus im Sprachgefühl des Vorarlbergers läßt diesen nämlich sehr sensibel reagieren, sobald er sich des Verständnisses seines Gegenübers nicht mehr hundertprozentig sicher ist. Was dann passiert, ist jedem Vorarlberger, der es mitanhören muß, ein Greuel: Je nach Region verfällt der bemühte Vorarlberger im Gespräch mit Anderssprachigen in das sogenannte Ganahl- oder Bödeledeutsch, ein geradezu unerträgliches Gemisch aus Schriftdeutsch und Dialekt. (Ein ähnliches Phänomen, wie es bei der sprachlichen Reaktion

gegenüber Gastarbeitern oder Babies zu beobachten ist,
Siehe auch Seite 33)

Also: Machen Sie Ihrem Gegenüber unmißverständ-
lich klar, daß er/sie ruhig (oder besser: „rüabig") im
Dialekt reden darf, wenn nötig auch mehrmals. Sie
können schließlich auch kein Italienisch dazulernen,
wenn Sie sich in Lignano von deutschsprachigen Kell-
nern Ihr Schnitzel servieren lassen.

Sie sehen schon: Es ist alles nicht so einfach, wie es
auf den ersten Blick scheint. Vokabelwissen und Aus-
spracheregeln allein sind noch nicht ausreichend, um
die Kulturbarrieren zu durchbrechen. Lassen Sie sich
nicht entmutigen und versuchen Sie es mit ganzheitli-
chem Lernen, z. B. indem Sie einen Vorarlberger heiraten oder ähnliches.

Sollten Sie nach diesen klärenden Worten immer
noch fest entschlossen sein, Ihre Kenntnisse des Vorarlbergerischen zu vertiefen, finden Sie hier einige der
meistgebrauchten Vokabeln kurz und prägnant erklärt:

abbutzat – link, ausgefuchst, schlau
ahkehrig – etwa gleichbedeutend mit geschickt, lern-
    fähig. Ein schönes Wort für ein positives Dienst-
    zeugnis eines Schlosserlehrlings beispielsweise.
    Anwendungsbeispiel: „Sie ischt net grad bsunders
    gschid, aber ganz a Ahkerige"
    Gegenteil: Uahkehrig (selten gebraucht)
allpot – irgendwo zwischen ab und zu und hin und
    wieder

Äne und Ana – Großvater und Großmutter

Ätepetäte, auch etepetete geschrieben – fein, hoch-
gestochen, ätepetäte halt

a biz – ein bißchen, ausgesprochen mit hartem Z,
nicht etwa mit stimmhaftem S

a bizile – Verkleinerungsform von biz, also ein sehr
kleines bißchen, bevorzugt von bereits länger
ansässigen türkischen Gastarbeitern – hier auch
„bissile" ausgesprochen – verwendet

breiz – vom Wortstamm her mit „bereits" zu übersetzen, was der Bedeutung im Vorarlbergerischen
aber nicht entspricht, hier heißt „breiz" etwa
soviel wie „fast", „beinahe". Anwendungsbeispiel:
„Es ischt scho breiz zehne, jetzt muaß i abr is Bett!"

büeza – nähen, flicken

Bünt – Wiese. Die „Huusbünt" ist die Wiese hinter
dem Elternhaus, wo finanzschwache Kinder und
Schwiegerkinder im Schweiße ihres Angesichts ihr
Eigentum errichten. Aufgrund verdichteter
Bauweise nur noch vereinzelt vorhanden.

daham

dahem

dahoam

dahuam

dah... – Verschiedene Aussprachen des Wortes „daheim". Eine Eselsbrücke, in welcher Gemeinde
welche Aussprache gepflegt wird, ist nicht bekannt. Versuche, die Stellung des zweiten Selbst-
lauts in Relation mit geographischen Breiten-
oder Längengraden zu setzen, sind erfolglos abge-
brochen worden. Persönliche Erkundungen sind

aufgrund der subtilen Aussprache-Nuancen unbedingt anzuraten.

Fazenetle – Taschentuch

fem, vorfern, vorvorfern,... – letztes Jahr, vorletztes Jahr, vorvorletztes Jahr,

fürba – mit dem Besen kehren

Gfret – Ärger, Unannehmlichkeit

gritschga – Beispiel für besonders lautmalerische urtümliche Wortschöpfungen – Eine Übersetzung ist deshalb überflüssig.

Gschpana – Spielkamerad, Freund

ha – 1) Fragend: ha? gleichbedeutend mit „Wie bitte?“, auch „hä?“ ausgesprochen

2) Triumphierend: ha! dieselbe Bedeutung wie in den meisten indogermanischen Sprachen

3) i ha: erste Person Einzahl von haben, also: „ich habe“, in dieser Bedeutung aber ähnliche Problematik wie beim Wort „daheim“, also je nach geographischer Lage ist das a durch unterschiedlich betonte oder kombinierte Selbstlaute und Selbstlautfolgen zu ersezen, z. B.: i hia, i ho usw.

häl tuo – sich einschmeicheln

Heil(e)! – Gruß unter meist jugendlichen Vorarlbergern. Oft Grund für peinliche Mißverständnisse, jedoch völlig harmlos und im Ländle als völlig alltäglich und unpolitisch empfunden, auch von progressiven Mitbürgern verwendet. Beispiel für den ungezwungenen Umgang der Vorarlberger mit der Vergangenheit, von nicht Einheimischen jedoch sicherheitshalber in der Praxis nicht anzuwenden (der Ton macht die Musik)!

hoi – Ausruf des Erstaunens, z. B. „Hoi, wo kunnscht
du denn her?“
Im mittleren Rheintal jedoch als Gruß verwendet,
z. B. statt „Servus“ oder „Heile“ (siehe oben),
auch wenn man über das Erscheinen des Begrüß-
ten gar nicht erstaunt oder überrascht ist. („Hoi“
kann also je nach Standort als einladend oder eher
abweisend empfunden werden, daher Vorsicht!)

Kappastock – unfähige Person, Träumer

Kog – Kerl (abwertend gemeint), besonders miese
Kerle werden als „Hura Kog“ bezeichnet.

krochna – Sitte im Walsertal, vergleichbar mit dem
amerikanischen Halloween, bei der die Kinder am
Funkensonntag von Haus zu Haus gehen und
Sprüchlein aufsagen, um Süßigkeiten und Geld
einzuheimsen
Erfolgversprechendster Reim:
Ich kumm dohar ge krochna
s'kli Fingerle isch mr brocha,
es kas niamed me abüeza
as wia d'Husmuattr
mit em heißa Küachle.

Kutze – Wolldecke

läfera – beschreibt mangelnde Kontrolle über den
Speichelfluß

lätz – schlecht, verkehrt

Loabate – Übriggebliebenes, meist Essen

Mutz – Kuß

nommas – in einigen Gegenden statt „eppas“
verwendet, bedeutet also „etwas“

Prmenta (Murmile) – Murmeltiere (kein Druckfehler!)

ruaßla – grunzen, auch: sich im Kraftfahrzeug fortbe-
wegen, trotz Katalysatorpflicht noch immer
gebräuchlich

Schranz – Riß, Spezialform: Dreiangl

Schreapfa – wenig schmeichelhafte Bezeichnung für
eine weibliche Person

Siach – ähnlich wie Kog, ebenfalls mit „Hura"
verstärkbar.

Spärglamenta macha – Aufwand treiben, Beispiel:
„Des wär doch ned nötig gsi, dera Spärglamenta
macha do!"

Strucha(te) – Schnupfen

Stubate – Besuch des Verehrers bei seiner Liebsten
(nur so bezeichnet, wenn diese noch im Elternhaus lebt, leitet sich vermutlich aus der Wunsch-
vorstellung eben dieser Eltern ab, daß das Paar
brav gemeinsam in der häuslichen Stube sitzt und
dort bleibt.)

vrtruckt – schlau (wird vor allem den Wäldern nach-
gesagt)

wäh – stolz, eitel, aufgeputzt

wellwäg – sowieso, auch: wahrscheinlich

Odr

Red körig, odr.

Die Minimalbestandteile eines korrekten, hochdeutschen Satzes sind das Subjekt und das Prädikat, also z.B. „Ich gehe". Ein grammatikalisch richtiger Vorarlberger Satz dagegen besteht aus Subjekt, Prädikat, einem Beistrich und dem Wörtchen „odr", also „I gang, odr." Dabei können Sie jedoch guten Gewissens das Subjekt oder das Prädikat oder gleich beides aus dem Satz entfernen, keinesfalls jedoch das „ , odr". Im Vorarlbergerischen macht ein „ , odr" allein immer noch mehr Sinn als ein Faust-Zitat ohne „ , odr". Vergessen Sie also niemals, das „ , odr" an das Ende des gesprochenen Satzes zu stellen, denn ansonsten laufen Sie Gefahr, daß Sie den Sinn des Satzes in sein Gegenteil verkehren. Ein Satz ohne „ , odr" ist für den Vorarlberger unverständliches Kauderwelsch und Sie können genauso gut Suaheli sprechen. Unter gar keinen Umständen dürfen Sie mit der „ , odr"-Verwendung jedoch in den folgenden Situationen sparen: wenn sie zufrieden oder unzufrieden, jung oder alt sind, wenn Sie etwas beweisen, widerlegen, entschuldigen wollen oder auch nicht, oder wenn keiner der eben erwähnten Fälle auf Sie zutrifft. Zum besseren Verständnis sei hier noch ein Musterbeispiel eines grammatikalisch korrekten und sehr beliebten Dialogs angeführt:

Hüt isch Fritig, odr.
Gschidr isches as Samstig, odr.
I tät säga, mir gon widr ge schaffa, odr.
Jojo, odr.

Nur aus Rücksicht auf Sie, den angehenden Vorarlberger, wurde im bisherigen Text auf das „ , odr“ weitestgehend verzichtet. Jawohl, Ihr Schluß ist richtig: Dieses Buch ist für den echten Vorarlberger tatsächlich vollkommen unlesbar, ein verschlüsselter Text, der härter zu knacken ist, als die Bank von England und der solange unlesbar bleibt, bis das „ , odr“ an das Ende jedes einzelnen Satzes angehängt wird. Erst dann fügen sich für den Vorarlberger die sprachlichen Mosaiksteine zu einem Bild zusammen und er kann einen Sinn erkennen, odr. Mit diesem „ , odr“ wollen wir, odr, für den Rest des Kapitels nun auch die hinzugekommenen Vorarlberger, begrüßen, odr, und hoffen, daß sie einen Ausländer finden, odr, der ihnen den bisherigen Text dechiffriert, odr.

P.S., odr:
Wie erst kurz vor Redaktionsschluß in Erfahrung gebracht werden konnte, ist es im behördlichen Schrift-

verkehr gestattet, das Wort unter gewissen, sehr speziel-
len und auch noch nicht erforschten Umständen, odr,
die noch zu klären wären, odr, auszulassen, odr.

Danebat, odr.

Das Ganahl- bzw. Bödele-Dütsch

Gschidr as
Salomons Katz.

Wer als deutschsprachiger Fremder ins Ländle kommt, wird in den Dörfern Vorarlbergs vermutlich soviel verstehen wie ein Laternser auf den Galapagos-Inseln. Anders in den Städten. Hier hat sich im Laufe der Jahrzehnte ein Mittelding zwischen Hochdeutsch und Dialekt entwickelt, Ganahl-Deutsch im Oberland, Bödele-Deutsch im Unterland genannt (falls Sie es noch nicht wissen: Logischerweise ist das Unterland das Gebiet oberhalb des Kummenbergs und das Oberland das Gebiet unterhalb des Kummenbergs). Gesprochen werden diese beiden Mund(un)arten von Leuten, bei denen – medizinisch gesprochen – eine klassische Schizophrenie vorliegt. Denn einerseits wollen Sie sich durch die Verwendung hochdeutscher Ausdrucksformen mit dem Flair der großen, weiten Welt umgeben, andererseits soll durch verballhornten Dialekt doch noch ein wenig Lokalkolorit in die Sprache miteinfließen. In Vorarlberg wären sie gern Ausländer, im Ausland brüsten sie sich damit, Vorarlberger zu sein, auf gut Deutsch: Sie sind weder Fisch noch Fleisch.

Besonders stark verwurzelt ist das Ganahl/Bödele-Deutsch im Kulturtraumatiker-Milieu (siehe Seite 54ff.), „weil wissens, hab' i zu mein Mann gsagt, der Carreras hat scho a herrliche Stimm', hab' i gsagt, also gell, bei dem stimmt halt jeder einzelne Bariton, gell, und des hört man uns halt selten, hab' i gsagt, aber die meischten Leut' kennen sich da eh net so aus, hab' i gsagt, bin i gwesen, gell, wissens."

Kleiner Sprachführer

Nüt für uguat!

Um sich problemlos in Vorarlberg zurechtzufinden, sollten Sie zumindest die einfachsten, alltäglichen Standardsätze perfekt beherrschen. Dieser kleine Sprachführer übersetzt Ihnen die wichtigsten Wendungen vom Hochdeutschen ins Vorarlbergerische.

Lieber Herr Wirt, hätten Sie wohl die Freundlichkeit, mir noch ein Pils zu servieren?
A Bier.

Gepäckträger, tragen Sie bitte dieses Gepäck !
Be üs muasch s'Züg säl lupfa.

Wieviel kostet es ?
Wövel wit ?

Halten Sie bitte hier !
Blib sto.

Mein Name ist...
I bi dr...

Ich benötige dringend eine Sicherheitsnadel.
A Gluva, abr hüt no!

**Entschuldigen Sie, aber der Fernseher funk-
tioniert nicht!**
Los! Dia Kischta tuat net.

**Der Fensterladen klappert, weil er sich nicht
festmachen läßt !**
A Tscheppererei weged dera hiniga Gadaladaläla !

Ich hätte gerne...
Bring no...

Ich hätte gerne noch eine Flasche Wein, bitte.
No a Guttera.

**Ich würde gerne eine nahrhafte, echte
Vorarlberger Hausmannskost probieren.**
Händr an Ribl ?

Behalten Sie das Kleingeld !
Palt des Glump !

Das Mädchen sieht sehr mager aus.
Isch des an Hoanza !

Muß man sich hier vor Dieben in acht nehmen ?
Simmer scho im Muntafu ?

8 Themen, über die Sie mit jedem Vorarlberger reden können

Ma set jo nüt,
ma redat bloß.

Wie Sie sicher aus eigener Erfahrung wissen, bedarf es einiger Anstrengungen, einen waschechten Vorarlberger in ein Gespräch zu verwickeln, das über die Formeln „Grüß Gott" und „Pfüat Gott" wesentlich hinausreicht. Natürlich ist das in erster Linie ein Problem des alemannischen Volkscharakters (so lautet jedenfalls die gängige Ausrede aller redefaulen Vorarlberger), doch sicher ist auch Ihre eigene Ungeschicktheit in der Gesprächsführung nicht unwesentlich beteiligt, wenn ein Gespräch nach wenigen Minuten oder gar Sekunden verebbt. Um diesem Mißstand ein wenig abzuhelfen, präsentieren wir Ihnen hiermit eine erprobte Liste von Gesprächsthemen, mit denen Sie Ihr vorarlbergerisches Gegenüber garantiert aus der Reserve locken.

(Zum leichteren Einüben jeweils mit einem kleinen praktischen Anwendungsbeispiel:)

1 Die Wiener

Abfällige Bemerkungen über „die Wiener" kommen meistens recht gut an, jedoch sollten Sie dabei nicht allzu persönlich werden. Die Wiener stehen nämlich nicht als geographisch definierte Personengruppe auf der „Out"-Liste der meisten Vorarlberger, sondern vielmehr als Synonym für alles, was mit Zentralismus, Sozialismus, Steuern, ÖBB-Defizit, Pensionsbeitragserhöhung, Faulheit, Korruption, Prostitution, sittlichem Verfall und zu fettem Essen zu tun hat. Wienerinnen und Wiener als solche dürfen sich also in keiner Weise individuell angegriffen fühlen, sollte einmal in deren Gegenwart die Rede auf „die Wiener" kommen.

Anwendungsbeispiel:
A: Grüß Gott.
B: Grüß Gott. Schon gehört, jetzt wollen die da unten schon wieder die Mineralölsteuer hinaufsetzen.
A: Wirklich? Ja, ja, die Wiener, nichts arbeiten, aber mit 50 in Pension gehen und im Wirtshaus sitzen, das können sie – und wir können die ganzen Steuern zahlen.

2 Das Haus

Wie Sie vielleicht schon bemerkt haben, spielt die Behausung für den Vorarlberger eine außerordentlich wichtige Rolle. Einen bedeutenden Teil seines Selbstbewußtseins schöpft der Vorarlberger aus dem Besitz einer Eigentumswohnung oder zumindest eines Bausparvertrags. Wenn es auch angesichts der momentanen Immobilienmarktsituation kaum mehr möglich ist, als Durchschnittsverdiener das obligate „Hüsle" zu bauen (auch mit massiven Eigenleistungen nicht), so lebt der urvorarlbergerische Gedanke der eigenen vier Wände zumindest in der Traumwelt ungebrochen weiter.

Anwendungsbeispiel:
A: Guten Morgen.
B: Guten Morgen.
A: Ja, Ja.
B: Ja, so ist es.
A: Ist er jetzt auch schon bald fällig?
B: Ja, ja, bald.
A: Und Grund hast Du auch schon einen?
B: Ja, sicher.
A: Dann kannst Du ja schon bald anfangen, oder?
B: Ja, in zwei Monaten geht's los.
A: Ja, also dann, ich muß jetzt.
B: Also dann.
A: Also dann. Wenn ihr fertig seid, kommen wir dann auf Besuch, oder?

3 Die Zeitung

Wem der Gesprächsstoff endgültig auszugehen droht, der greift auf ein allen Vorarlbergern zugängliches, täglich erneuertes Kulturgut zurück: Die Zeitung. Die Besitzverhältnisse im Medienbereich machen die Auswahl aus dem Angebot an einheimischen Tageszeitungen problemlos und einfach. Ob groß, ob klein, ob rot, ob blau, die Linie stimmt auf alle Fälle, und schön bunt sind sie auch beide. Allerdings gibt es in der großen entschieden mehr Todesanzeigen und die hübscheren Unfallskizzen.

Anwendungsbeispiel:
A: Servus.
B: Hast Du schon gelesen?
A: Was gelesen?
B: Burtschers Friedl ist vorgestern gestorben.
A: Wirklich. In der unsrigen ist gar nichts gestanden.
B: Also eine kleine Anzeige hätten die Burtschers in
   die Neue schon auch tun können.
A: Ja, wo's doch jetzt den günstigen Kombitarif gibt.

4 Die Schweiz(er)

Auch wenn – und gerade weil – Unwissende die Vorarlberger immer wieder als verhinderte Schweizer abstempeln wollen, wird im Ländle auf eine scharfe Abgrenzung zu den westlichen Nachbarn außerordentlich viel Wert gelegt. Diese Abgrenzung ist aber nicht besonders glaubwürdig, denn das Verhänis zur Schweiz und den Schweizern ist in mehrfacher Hinsicht zwiespältig:

• Einerseits wird auf die geldgierigen, materialistischen Schweizer geschimpft, andererseits rühmt sich das Ländle selbstverständlich, das wirtschaftskräftigste Bundesland mit dem höchsten Lebensstandard in Österreich zu sein. (Nebenerscheinungen wie Drogenkonsum oder Selbstmordrate sind im Ländle übrigens auch auf schweizerischem Niveau, was freilich nur von Grünen, Linken und anderen wirtschaftsfeindlichen Kräften behauptet wird.)

• Einerseits befällt den Vorarlberger immer wieder ein gewisses Neidgefühl ob der hohen Einkommen der Schweizer, andererseits trägt er dazu tatkräftig bei – z. B. durch ausgedehnte Einkaufstouren in die diversen Rhein-, Santis-, Pizol- und sonstigen Parks.

• Einerseits schimpft er über die Ausländerfeindlichkeit der Eidgenossen, andererseits läßt er diese gerne über sich ergehen, solange die (Grenzgänger-)Kassa stimmt.

Anwendungsbeispiel 1 (überlieferter Abzählreim)
Onkel Fritz
goht i'd Schwiz
koft an alte Gitz
wenn 'r koane übrkunnt
set er „Malefiz".

Anwendungsbeispiel 2
A: Guten Abend.
B: Guten Abend, auch schon da?
A: Ja, ist wieder etwas später geworden in Nebenwil drüben.
B: Bei deinem Zahltag würde ich auch ab und zu länger bleiben.

A: Weißt Du, Geld ist nicht alles, die Schweizer sind
   halt doch ein anderes Volk. Aber von dem, was Du
   bei uns bekommst, kann man halt wirklich nicht
   leben, oder?

5 Die Wälder/Lustenauer/Montafoner usw

Wer glaubt, daß die Spezies der Vorarlberger ein in sich
homogenes Völkchen darstellt oder sich als solches sieht
und fühlt, hat entweder noch nie mit einem Lustenauer
zu tun gehabt, war noch nie im Montafon oder im
Bregenzerwald und ist zudem vermutlich mit an-
nähernder Taubheit geschlagen.

Sicher, man kann – vor allem im Bereich des Walgaus
und des Rheintals – bereits die Entwicklung einer Art
Einheitsvorarlberger erkennen. Dieser ist gekennzeichnet
durch erhöhte Mobilität – er pendelt beispielsweise täglich von Frastanz nach Götzis zur Arbeit –, abgeschwäch-
ten Mundartgebrauch und eine gewisse Weltoffenheit.

Die wirklich interessanten Menschen unter den Vorarlbergern stammen jedoch durchwegs aus Orten und
Talschaften, die sich durch konsequente Abschottung
vom Weltgeschehen (vom Fremdenverkehr vielleicht einmal abgesehen, schließlich muß man ja von etwas leben)
ihre oft liebenswürdigen Eigenarten bewahrt haben.

Unnötig zu erwähnen, daß diese Eigenarten bei
Außenstehenden, also allen Nicht-Bregenzerwäldern,
Nicht-Lustenauern oder Nicht-Montafonern beispiels-
weise, eine unerschöpfliche Quelle für Spott oder auch
Verachtung bilden.

Stellvertretend und zugegebenermaßen generalisierend seien drei Unterformen des Vorarlbergers im Detail erläutert. (Generalisierend unter anderem deshalb, weil keine Unterscheidung zwischen Hinter- und Vorderwaldern, Montafonern der Inner- oder Außerfratte oder Lustenauern aus Hasenfeld, Kirchdorf oder Rheindorf getroffen wird, obwohl es über diese mikrogeographischen Details einiges zu berichten gäbe.)

Der Lustenauer

ist natürlich besonders stolz auf seine weitgehend unverständliche Mundart, mit der sich auch sprachbegabte nicht-lustenauerische Vorarlberger manchmal recht schwer tun. „Er isch net ko" heißt zum Beispiel eben nicht „Er ist nicht gekommen", sondern „Er ist gerade gekommen". (Wenn Sie jetzt ganz verzweifelt sind und Ihr mühsam angelegtes Vorarlbergerisch-Vokabelheft in die Ecke schmeißen wollen, stop: Natürlich heißt „net" in aller Regel „nicht". Nur nicht in Lustenau, dort heißt es eben gerade nicht „nicht", sondern „gerade", also net net „net", sondern „nö". Allerdings ist die Bedeutung – wie im Chinesischen – stark von Betonung und Satzmelodie abhängig. Aber lassen wir das, sonst wird das zu kompliziert. Am Besten, Sie „luogon zeyscht amol z'Luschnou vrbi").

Legendär sind in Lustenau vor allem auch die Hausnamen. Die Tatsache, daß es in Lustenau z. B. 13 Kurt Hämmerle im Telefonbuch gibt, macht einsichtig, daß ein weiteres Unterscheidungskriterium dringend erforderlich war und ist. Über die Gründe, weshalb halb Lustenau Hämmerle, Alge, Grabher, König, Hagen, Fitz oder Bösch zum Familiennamen hat, wurde bereits viel spekuliert. Vielleicht führt uns die Einleitung zu diesem Kapitel etwas weiter (Stichwort: Abschottung), zumal es in Lustenau auch so gut wie keinen Fremdenverkehr gibt.

Der Bregenzerwälder

ist sozusagen das Aushängeschild Vorarlbergs. Ob berühmte Baumeister, Politiker oder Schispringer – der „Wauld" ist ihre Heimat. Ihr unangepaßtes Verhalten pflegen die Wälder mit ausgeprägter Inbrunst, so daß bei Ausländern sofort die Anziehungskraft des Exotischen wirksam wird. Die unnachahmliche Art, wie Kaspanaze Simma mistgabelbetätigend TV-Interviews gab oder das hintergründige Grinsen eines Toni Innauers nach der Olympiade haben den Bregenzerwald zum Begriff gemacht. Fremdenverkehrsmäßig könnten die Wälder aus ihrer Eigenart wesentlich mehr herausschlagen als die Lustenauer, aber das hängt vielleicht auch mit den Bergen dort drinnen zusammen.

Der Montafoner

macht in der Weltöffentlichkeit vielleicht etwas weniger Aufsehen als die Bregenzerwälder, ist aber als Prototyp eines Bergtalbewohners dennoch hervorzuheben. Zurückhaltend, aber selbstbewußt, im Tourismusbereich vielleicht etwas weniger. Sprachlich bereitet der Montafoner dem Vorarlbergerisch-Kundigen keine wesentlichen Probleme, wenn auch die Aussprache – dem rauhen Klima der Bergwelt entsprechend – etwas herb ausfällt.

Ein altes, fast in Vergessenheit geratenes Vorurteil gegenüber dem Montafoner besagt, daß er Probleme mit dem Eigentumsbegriff hat, doch dürfte das heute kein Problem mehr sein, denn im Montafon gehört sowieso schon fast alles den Deutschen.

Anwendungsbeispiel:
A: Wo sind denn meine Schi hingekommen?
B: Welche Schi?

6 Die Fremden

Zuerst wäre einmal zu klären, wer oder was in Vorarlberg überhaupt als fremd gilt. Die Nichtvorarlberger werden – grob gesprochen – in Innerösterreicher und Ausländer aufgeteilt. In der Praxis werden diese Kategorien jedoch weitgehend gleichbehandelt, da ist ein anderes Merkmal schon von wesentlich größerer Bedeutung: Gast oder Gastarbeiter ist hier die Frage. Von beiden will der Vorarlberger möglichst anständig (hier im eingeschränkten Sinne von „viel") profitieren.

Touristen (im Volksmund: die Frönda, also: die Fremden) sind für den Vorarlberger dazu da, gegen Devisen das Ländle zu bewundern, hier schizufahren oder zu wandern und dabei möglichst unsichtbar und unhörbar zu bleiben. Gelingt den umworbenen Gästen letzteres nicht perfekt, werden Touristen zum Ärgernis, das gefälligst dort bleiben soll, wo es hergekommen ist und sein Wienerschnitzel mit Klößen und Zwiebeltunke zu Hause essen soll.

Gastarbeiter haben sich in Vorarlberg ebenfalls möglichst unbemerkbar zu verhalten, solange sie nicht gerade arbeiten. Daß gerade sie zum großen Stolz der Vorarlberger, der hohen Geburtenrate, maßgeblich beitragen, läßt den gestandenen Vorarlberger erschauern. Wohin soll das noch führen? Womöglich wird der echte und reine Vorarlberger noch zur Minderheit im eigenen Land!
Die Angleichung der Gastarbeiter an die Touristen macht übrigens bereits bedeutende Fortschritte, zumindest was die Zimmerpreise für deren Unterkünfte betrifft.

Anwendungsbeispiel:
A: Du schon lange arbeiten in Vorarlberg?
B: Jo, mine Alta sind scho vor zwanzg Johr us dr Türkei
   do herko!

7 Die Provinz

Natürlich ist Vorarlberg tiefste Provinz. Das sollten Sie zumindest lautstark überall behaupten, um nicht selbst in den Verdacht zu geraten, ein Provinzler zu sein.

Anwendungsbeispiel
A: So ein Kaff, dieses Feldkirch.
B: Ja, fast so langweilig wie gestern in Mailand, oder?

8 Die Wirtschaft

Nach Meinung des braven, arbeitsamen Vorarlbergers interessiert sich der Innerösterreicher höchstens für Freunderl- oder Zettelwirtschaft (z. B. in Ministerien), während im Ländle eben die wahrhaft ökonomische Denkweise vorherrscht. Dementsprechend kann sich der Vorarlberger auch stundenlang darüber aufregen, daß durch das vergleichsweise hohe Bruttosozialprodukt und Pro-Kopf-Einkommen im Ländle der rückständige Osten mit vorarlbergerischen Steuermilliarden subventioniert wird. Dies dürfte auch der eigentliche Grund für die gelegentlich aufflammenden separatistischen Bewegungen im Ländle sein: Wozu den großen Klotz am Bein (bzw. am Arlberg), wenn es uns als selbständiges Wunderland so gut gehen könnte? Warum machen wir es denn nicht wie die Liechtensteiner?

Anwendungsbeispiel:
A: Ich muß sagen, bei uns ist die ganze Familie äußerst wirtschaftsfreundlich eingestellt!
B: Bin ich auch - gehst Du mit in den Ochsen hinüber?

PS: Sie können es natürlich auch mit Allerweltsthemen (Frauen, Autos, Wetter, Religion, Politik usw.) versuchen. Besonders dann, wenn Sie auf Mischformen (z. B. halb Vorarlberger, halb Innerösterreicher) stoßen, könnte Ihr Gegenüber auch Interesse für derartige Nebensächlichkeiten aufbringen. Versuchen können Sie's ja.

Spruchbeutel

Hochdeutsche Sprichwörter dürfen keinesfalls Wort für Wort ins Vorarlbergerische übersetzt werden. Wenn Sie es dennoch nicht lassen können, ständig und überall mit Sprüchen um sich zu werfen, dann halten Sie sich wenigstens an die folgenden sprachwissenschaftlichen gesicherten Übersetzungen.

Wie man sich bettet, so liegt man.
Heasch wella, schleack Kella.

Einsamkeit ist die Schule der Weisheit.
Aluo hot Ruo. Alos isch an goldiga Stoa.

Alter Leute, alte Pferd, hält niemand wert.
Im Alter gilt ma so vil wia dr Scheall-Unter, wenn Loub Trumpf isch.

Böser Nachbar, täglich Unglück.
An goata Hag, isch dr bescht Nochbur.

Ein häßliches Weib hält dir die Nachbarn vom Leib.
A wüaschts Wib ischt dr bescht Zu ums Hus.

Eine Schwalbe macht noch keinen Sommer.
A Gabl voll Hö git no ka Fuadr.

Spare in der Zeit, dann hast du in der Not.
Liabr da Maga vrrenka as am Würt eppas schenka.

Himmelhoch jauchzend, zu Tode betrübt.
S'Rära und s'Lacha sind i oam Hafa bacha.

Wie die Alten sungen, so zwitschern die Jungen.
Müs git widr Müs.

Frisch gewagt ist halb gewonnen.
Guat dänglat ischt halb gmait.

Essen und Trinken hält Leib und Seele zusammen.
Ribl und Sufa git da alta Wiber da Pfufa.

Andere Länder, andere Sitten.
Was woas an Frönda.

Geduld zu hoch gespannt wird rasend.
D'Äx isch am Bom.

Der ist reich, des Reichtum niemand weiß.
Geald brucht dunkel.

Trau, schau wem.
Leit ma zwanzg Wälder ufanand, isch dr oberscht so vrtruckt wi dr underscht.

Heiraten in Eile bereut man mit Weile.
Wer hürötet und fehlt, ischt bürschtet und gstrählt.

Er ist vom anderen Ufer.
Der tuat hindersche Jassa.

Ohne Fleiß kein Preis.
Gad ned hudla, ma heat früher ou gschaffat.

Guat dänglat…

Wenn ein Mädchen lachet an, den will sie drum nicht alsbald han.
Blos aneloana, nüd furtwerfa.

Liebe macht blind.
Wenns Herzle klopft, ischt dr Vrstand vrstopft.

Sie ist blind vor Liebe.
Sie ischt im Sutt.

Mädchen sagen nein und tun es doch.
Wi ärger as si schreiat, wi liaber as si's heiat.

…ischt halb gmait.

Reden ist Silber, Schweigen ist Gold.
Ama Moadle, wo pfift, und ara Henna, wo krait, wird
sofort der Kraga umdrait.

**Aus Kindern werden Leute, aus Jungfern werden
Bräute.**
Du würscht scho recht, bis d'Knöpf dra sind.

Je schöner das Weib, desto schlechter das Essen.
An alte Henna git a guate Suppa.

Ohne Fleiß kein Preis.
Do Herrgott git wohl a Kuo, abr nid do Strick dazuo.

Sich regen bring Segen.
Nit lugg do !

Wer reich ist, des Wort ist gehört.
Mit volla Hosa ischt guat stinka.

Die Suppe hat er sich selber eingebrockt.
Er hett sie seal i d'Schua gsoacht.

**Das Alter ist eine Krankheit, daran man sterben
muß.**
Do isch d'Hebamm o numma Schuld.

Fischers Fritze fischt frische Fische.
Der Papscht hot s'Bschteck z'spot bschtellt.

A wüaschts Wib ischt dr bescht Zu ums Hus.

Das Provinztrauma

Wenn Sie an dieser Stelle des Buches angelangt sind und alles bisherige verstanden haben, sind Sie Ihrem Ziel, ein Vorarlberger zu werden, schon sehr nahe gekommen. Nun befinden Sie sich jedoch an einem Scheideweg, und Sie kommen nicht umhin, sich für einen der beiden Pfade zu entscheiden. Zum echten Vorarlberger führen beide Wege, doch auf dem linken Pfad müssen Sie, wie jeder, der ihn gegangen ist, das Kulturtrauma durchleben, auf dem rechten hingegen nicht. Der Lohn für die Strapazen des Kulturtraumas: die Mitgliedschaft im Kreise der kulturell gebildeten Alemannen. Entscheiden Sie sich aber für den Weg des geringeren Widerstandes, können Sie sich ab nun zur Gruppe der kulturlosen Barbaren zählen und den Rest dieses Kapitels übergehen.

Aha, Sie lesen noch. Die Mitgliedschaft im Kreise der kulturell gebildeten Alemannen ist Ihnen also ein Kulturtrauma wert. Nun gut, Sie haben es so gewollt, dann sollen Sie es auch bekommen.

Dazu müssen Sie zuallererst einmal jede Vernissage und jedes Konzert besuchen und entnervt herumlamentieren, wie provinziell doch dieses Vorarlberg ist. Sie werden sehen, nach einer Weile geht Ihnen dieser Gedanke automatisch in Fleisch und Blut über, und Sie werden es wirklich glauben. Ab jetzt gibt es kein Zurück. Die Darbietungen heimischer Künstler sollten Sie nach Möglichkeit von diesem Zeitpunkt an nicht mehr besuchen und sich statt dessen ganz auf Gastspiele ausländischer Granden konzentrieren. Je länger Sie dies tun, um so mehr werden Sie am Kultur- und Provinztrauma erkranken und das müssen sie ja, um Ihr angestrebtes Ziel zu erreichen.

Das erste Symptom einer erfolgreichen Erkrankung ist die Lähmung des Sprachzentrums. Resultat: Sie können nur noch Ganahl- bzw. Bödele-Deutsch sprechen. Damit Sie jedoch am kulturellen Siechtum nicht ganz zugrunde gehen, stellt Ihnen das Land freundlicherweise zwei Therapiezentren zur Verfügung.

Da wären zunächst einmal die Bregenzer Festspiele. Kaufen Sie sich eine Eintrittskarte in der ersten Reihe und genießen Sie das Spektakel auf der Seebühne, auch wenn Sie Rossini für einen Schokoriegel halten und Carmen nicht von Madame Butterfly unterscheiden können. Vergessen Sie jedoch keinesfalls auf Ihre stehenden Ovationen und minutenlangen Bravo-Rufe vor, in der Mitte und am Ende der Vorstellung.

Kann Sie Jerome Savary trotz wiederholter Behandlung nicht oder nur kurzfristig von Ihrem Trauma kurieren, so sollten Sie es vielleicht mit einer zweiten Behandlung bei der Schubertiade versuchen. Besuchen Sie ein Klavierrezital oder, wenn selbst das nichts nützt, vielleicht einen Liederabend von Dietrich Fischer-Dieskau. Auf alle Fälle können Sie und Ihre Gleichgesinnten sich an der Sektbar vor dem Landeskonservatorium mit einer Flasche Champagner über das Übel der Povinz hinwegtrösten (sofern Sie noch einen Groschen in der Tasche haben).

Zur Situation der Dichtkunst in Vorarlberg

> *Vo alla Liadli,*
> *allem Gsang,*
> *heat's Hoamatliedle*
> *da beschta Klang.*

Glaubt man der Wissenschaft, so wurde die Sprache anfänglich nur als Heilmittel zur Befriedigung primärer Bedürfnisse verwendet. Dies erwies sich als relativ angenehm, denn nun konnte ein Urmensch dem anderen klarmachen, daß er ihm den Schädel einschlagen würde, wenn er seine Frau noch einmal so schief anschaute. Wenn das nichts nützte, konnte er ihm immer noch den Schädel einschlagen. Von dieser ersten primitiven Form der Kommunikation, deren Grundzüge sich übrigens auch bis in die heutige Diplomatie gerettet haben, war es jedoch noch ein weiter Weg, bis die Sprache dazu geeignet war, Gefühle und Stimmungen etwas differenzierter auszudrücken. Als schließlich die Schrift erfunden wurde, war es soweit. Endlich konnte man seine Gefühle dokumentieren und sein Herz einer

Leserschaft ausschütten. Doch damit nicht genug: Im Laufe der Jahrtausende wurde ein Teil des Schrifttums in das Korsett von Reim und Versmaß gezwängt und unter dem Begriff „Dichtung" zur Kunstform erhoben.

Auch der Vorarlberger war seit jeher von der Ordentlichkeit des Versmaßes und der Sauberkeit des Reims fasziniert. Kein Wunder also, daß die Zunft der Dichter und Poeten in Vorarlberg blüht und gedeiht und ständig neue Triebe hervorbringt. Einen wertvollen Beitrag zur Verbreitung der Dichtkunst leisten hier die sogenannten „Gmoandsblättle" (Gemeindeblätter), die es den Besten der Besten ermöglichen, ihr Können einem größeren Publikum zu präsentieren. Die Themen, die in diesen Gedichten behandelt werden, decken das ganze Spektrum des menschlichen Lebens ab. Der eine Dichter stilisiert dabei zum Beispiel gekonnt den Wechsel der Jahreszeiten (in der Literaturwissenschaft als „As hirbschtalat"-Thema bekannt), ein anderer konzentriert sich in seinem Schaffen ganz auf das Aufblühen der Rosen im Frühling, wieder ein anderer hat sich den Empfindungen beim Liegen auf „dem Ofabank" (der Ofenbank) verschrieben. Auch das Alpenglühen im Spätsommer hat sich bereits so mancher Ländle-Lyriker zum Gegenstand seines Lebenswerkes auserkoren.

Doch damit nicht alles graue Theorie bleibt, scheint es an dieser Stelle vonnöten, dem angehenden Vorarlberger ein Kleinod alemannischer Dichtkunst zu präsentieren. Es handelt sich hiebei um das Werk einer gefeierten Poetin der „As hirbschtalat"-Schule. Achten Sie beim Lesen nicht nur auf die formalen Elemente und

die Stilistik des Gedichts, sondern vergegenwärtigen Sie
sich auch immer wieder die Aktualität der Thematik !

Wintorzit !

*D'Hiorbschtpfüond händ Blättor vorbloso,
im Gorto erfroro die letscht Roso;
do Neabol zücht inar vom See,
bald wird as Zitt füor-o Schnee!*

*As pfusat und blost om dio Schröfo
do Fiorst wird wiess bis a d'Öfo!
Wio zart dänn dio erschto Flöckle siond,
di gröschto Fröüda dormit händ Kiond!*

*Ma boud Hütta, ribt da-nand i,
schliefisolat odor fahrt mi do Schi
und wänn as amol tägwis schneyt,
wird bahnat und bobat und grotlat zu zweit.*

*Vorzuckrat is Riod vom Schnee,
bin Tanna lit Höü füor d'Reh;
S'Städtle luogat putzat und subor dri,
alls funklat und glanzat im Obodschi !*

*All Johr i dear herrlicho, wiesso Pracht,
regiort do Wiontor, mit all siro Macht!*

In einem Interview mit der führenden Vorarlberger Ta-
geszeitung erklärte die Autorin, die Eleganz ihres Rei-

mes und Versmaßes rühre wohl daher, daß ihr Vater zu Hause oft im Reim gesprochen habe.

Der frühe Kontakt mit der Dichtkunst hat in Vorarlberg jedoch auch zur Bildung einer Avantgarde geführt, deren Begründerin die erst 8jährige Karoline aus Fraxern ist. Sie hatte anläßlich des Muttertags folgendes Gedicht für ihre Mama geschrieben, welches zahlreiche Diskussionen innerhalb der Vorarlberger Literaturszene zur Folge hatte:

Zum Muttertag !

Du allerliabschte Mama
hüt isch din Ehrentag,
drum säg i a Gedichtle
wel i di so gern mag.

Di bischt as wia a Rosa
im erschta Maiatau
und wenn i ka be dir si,
denn isch min Tag net grau.

Für alls, was du für mi tuascht,
säg i vo Herza dank.
Du stopfscht mir mine Strümpfle,
verrumscht mis Häs im Schrank.

Doch bin i oft ka liabe,
und tua net folga gern.
Anstatt in Anfallkübel
schluck i Kriasikern.

I will etz abr brav si
und all i'd Kircha go
und mir vo mira Mama
a klä meh säga lo.

I lern brav Violinile
und mag net bliba dumm.
Drum gang i noch der Volkschul
denn i's Gymnasium.

Und bin i nochr achtzehn
du allerliabschte Rosa,
denn tuan i blos no, was i will.
Kasch mi am Füdla blosa !

Denn hau i glei ab vo dahoam
und gang ge Wian studiera.
Tua Alkohol und Hasch und d'Mä
mol körig usprobiera.

Und euer Geld verklock i glei
und hör uf zum studiera,
wel i kriag jo a ledigs Kind
vo luter usprobiera.

Vielleicht sind Sie auch der geborene Vorarlberger
Heimatdichter. Versuchen Sie's doch einmal! Vervollständigen Sie folgendes Gedicht im Sinne der „As
hirbschtalat"-Schule.

A Vögele hockt ufem Bom
scho dürr, es heat nünt z'Eassa,
ganz schwach vom Winter naß und kalt,

a) Kumm Minzla, gang's ga freassa !
b) drfür bän mir gnua z'freassa !
c) Do, iß ! Bischt net vergeassa !

Religion

Als theologisch ungebildete Katholiken (wie 99% der Bevölkerung) überlassen wir die Beurteilung religiöser Sachverhalte lieber Fachkräften mit supranaturaler Sichtweise und zahlen statt dessen brav unsere Kirchensteuer (unter dem Motto: „Trag was bei", solange es nicht deine eigene Meinung ist).

Politik

D'Wahla sind ghalta,
mir bliben dia Alta.

Auch bei den Wahlen gilt: Der Körige macht das Rennen. Der Kandidat, der sich selbst als typischster Vorarlberger präsentiert, hat die größten Chancen. Nehmen wir an, Sie wollen den Posten des Bürgermeisters von Feldkirch erringen. Nichts leichter als das. Dazu müssen Sie lediglich folgende Regeln beachten.

1. Gehen Sie am Vorabend der Wahl in das gutbürgerlichste Gasthaus der Stadt (besser noch in mehrere).

2. Nehmen Sie ihre gesamte Familie mit. Vergessen Sie dabei Ihre kranke Oma nicht! Falls Sie keine besitzen, genügt auch ein Behinderter im Rollstuhl, am allerbesten ist immer noch ein Bischof, falls Sie einen auftreiben können. Dirndlpflicht für die Damen, Sie selbst am besten in einem Montageanzug (der sog. „Blauen").

3. Achten Sie stets darauf, ob Sie den Satz „Luag, des sin jo ganz normale, körige Lüt wia du und i" hören (in diesem Falle sind Sie schon so gut wie uneinholbar).

4. Bestellen Sie für die gesamte Familie „a Pärle Wia-
nerle" (Frankfurter).

5. Inszenieren Sie im Gasthaus einen Rohrbruch,
den Sie sofort mit einer Rohrzange, die Sie aus Ihrem
Montageanzug ziehen, reparieren. Achten Sie darauf, ob
Sie dabei den Satz „Luag, des isch ned a so an
Gschtudierta mit zwo linka Händ" aus einer Ecke des
Lokals hören.

6. Geben Sie dem Wirt ein Trinkgeld in der Höhe
von 15 bis 20 Schilling, eventuell etwas weniger, keinesfalls jedoch mehr („kripfig" ist immer noch besser als
verschwenderisch) .

7. Verwenden Sie das Wort „Wien" nie in einem
positiven Zusammenhang.

Liebe

„*Zaghaft tauschen Sie die ersten Blicke aus, lange wagen sie es nicht, sich auf einem Weg zu treffen und diesen ein Stück gemeinsam zu gehen. Die Burschen wagen es erst nach Ablauf einer größeren Zeitspanne, dem Mädchen ein Geschenk (Lebzeltenherz, kleines Schmuckstück, Likörservice, Album, Gebetsbuch u. dgl.) anzubieten. Die Annahme desselben durch das Mädchen bedeutet diesem aber dann, daß der Bursche auf weitere Zuneigung rechnen darf. Alsbald wird er dem geliebten Mädchen die schlichte Frage zuflüstern: „Magst mi?" Die Zustimmung auf diese Frage [...] leitet ohne viel Worte die i n t i m e S p h ä r e des Verhältnisses ein. Ein Kuß mag dies bekräftigen. Ältere Leute erklärten uns, sie hätten sich ein „Ali" gegeben, die Wangen mit einem „Bakki" berührt, während ihre Voreltern sich mit einem Handkuß verständigt hätten.*"

aus: Karl Ilg, Die Walser in Vorarlberg
(Vorarberger Verlagsanstalt)

Der Vorarlberger im Bett

Alls, was reacht ischt,
abr s'Hemd ghört
undr d'Hosa.

In diesem Bereich gibt es für den Vorarlberger (und natürlich auch für die Vorarlbergerin) keine halben Sachen. Auch die sonst vielgepriesene Sparsamkeit wird sorglos über Bord geworfen, wenn's ums Bett geht. Es geht eben nichts über eine echte, zünftige, gut gepolsterte Federkernmatratze.

Aber auch wenn Sie es nicht für möglich halten sollten, selbst der Vorarlberger kommt nicht um den Sex herum.

Er unterscheidet dabei drei Formen:

a) ehelich (in der Hochzeitsnacht):
Guat Nacht.
Oha.
Guata Morga.

b) unehelich: nicht existent, da der Vorarlberger auf Weisung des Bischofs mit Frauen außerhalb der Ehe nur wie Bruder und Schwester zusammenleben darf (und Inzucht wollen wir dem Vorarlberger wohl nicht unterstellen)

c) bei einer Prostituierten: Vielleicht würden ein bis zwei ledige Vorarlberger (vielleicht auch drei) zu einer Prostituierten gehen, wenn es sie nur gäbe. Doch da es laut Gesetz in Vorarlberg keine Prostitution gibt, gibt es auch keine Prostituierten, sondern nur

1.) karibische Tänzerinnen, die tagtäglich dem unwiderstehlichen Charme der Vorarlberger Männer erliegen und

2.) zu kalt angezogene Spaziergängerinnen, die an gewissen Straßenrändern von außergewöhnlich vielen Autofahrern angesprochen und von bemerkenswert vielen Polizisten bemerkenswert oft nach ihrem Ausweis gefragt werden.

Geheimtips

Net witrsäga!

Kennen Sie eine arme Seele, die Sie retten wollen oder einen Teufel, den es auszutreiben gilt? Dann wenden Sie sich am besten an Frau Maria Simma in Sonntag, die sich auf diese Tätigkeiten spezialisiert hat und Ihnen dabei sicherlich behilflich sein kann.

Den garantiert sicheren Lottotip für einen allfälligen Dreifachjackpot verrät ihnen „Tschik-Olga" – neuerdings in der Kreuzgasse – in Feldkirch (vorausgesetzt, Sie schließen nach Betreten ihrer Tabak-Trafik die Türe hinter sich).

Die besten 1111 Original-Vorarlberger-Kochrezepte finden Sie im 1931 erstmals erschienenen Fanny-Amann-Kochbuch, in welchem die legendäre Köchin des Schnifner Bädle erstmals alle ihre Geheimrezepte der Öffentlichkeit verriet (erschienen in der Vorarlberger Verlagsanstalt).

Sie wissen nicht, was „Oam da Dangl singo" bedeutet? Macht nichts. Ihre Kenntnisse über Sprich-

wörter aus allen Talschaften und Orten Vorarlbergs können Sie mit dem Buch „Vorarlberger Sprüch" von Artur
Schwarz, erschienell im Eugen-Ruß-Verlag Bregenz,
vervollständigen.

Den besten Hamburger gibt's bei Lerchners Grill-
station in Frastanz.

Die besten Nußgipfel sind unbestritten jene von der
Bäckerei Schertler in der Feldkircher Marktgasse. Vorsicht! Ab einer Bestellmenge von sechs Stück werden
Sie unerbittlich darauf aufmerksam gemacht, daß „bi
zehne oan gratis" wär. Jeder Widerstand („lch brauche
aber nur sechs!") ist zwecklos, denn: „ma ka se oh wun-
derbar igfrührа!"

Die höchsten Wellen finden Sie ... nein nicht am
Bodensee, sondern auf der Rheintalautobahn.

Den glaubwürdigsten Vorarlberger Bischof finden
Sie derzeit in Brasilien.

Die originellsten Auto-Wunschkennzeichen können
Sie abends vor dem Dornbirner Lokal „Boss" (bzw.
neuerdings „Cotton Club") bewundern („DO CHEF
1-9", „DO BOSS 1-9" etc).

In-Solvenz
In-begriffen

Zigaretta i dr
Schnorra und it grad
soacha kinna !

Ein nicht unbeträchtlicher Prozentsatz der Vorarlberger Jugend ist bereits vom Erbe ihrer Väter abgefallen, hat jede Art der Körigkeit abgelegt und gefällt sich nunmehr in der Rolle der lässigen In-Typen. Da Vorarlberg ein freies Land ist, können auch Sie als zukünftiger Vorarlberger frei bestimmen, ob Sie zu dieser Gruppe gehören wollen oder nicht. Damit Sie dies jedoch überhaupt entscheiden können, müssen Sie zuerst wissen: Wie erkennt man den In-Begriff eines Mega-In-Typs ?

Er steht In-formell an der Bar seines In-Lokals und stiert In-tensiv auf einen Punkt im Unendlichen, als hätte er soeben die ewigen Gesetze des Kosmos erkannt und die Weltformel in der Tasche. Die Blond-In-e an seiner Seite ist ganz fasziniert von seinem In-Tellekt, auch wenn sich die Aktivität seines Gehirns auf die rein vegetativen Körperfunktionen beschränkt. Genau so fasziniert ist sie jedoch von der Flasche Sekt, die er gerade bestellt hat und mit deren Hilfe er seine Hemmschwelle und ihre Abwehrkräfte zu schwächen erhofft. In beiden Angelegenheiten wird er natürlich mega-erfolgreich sein, worüber der In-Wirt, der ob der Beschränktheit seiner zwanzig Jahre jüngeren Klientel selbst bereits den Großteil seiner Geisteskraft eingebüßt hat, sich mega-mächtig freut und eine weitere Flasche Champagner herbeischafft. Dank seiner eigenen, hyper-mega-erfolg-reich fortgeschrittenen Verdummung muß er sich schon lange nicht mehr über diejenige seiner In-Kundschaft ärgern, sondern kann sich von den Mega-Einnahmen der vielen überteuerten, coolen In-Drinks ohne Gewissensbisse einen weiteren überteuerten, coolen In-Flitzer kaufen, den auch seine Gäste mega-gerne hätten und auf Grund dessen sie ihn be- und sich wundern, woher der soviel Cash hat. Die Leere ihres In-Daseins entspricht der Leere hinter dem Brett, das sie vor dem Kopf haben, was ihnen ungemein bei der Bewältigung ihrer In-Existenz hilft. Doch haben Sie ein In-Ziel: Vielleicht schaffen sie es eines In-Tags, daß er sie beim Besuch seines In-Lokals erkennt und „Zeawas" zu ihnen sagt, was einer In-Adelung gleichkäme, eine namentliche Begrüßung durch den Wirt jedoch (wie es die VIPs genießen) wird wohl nur ein In-sgeheimer Hyper-cooler-Mega-In-Wunschtraum bleiben.

So siehts aus. Trotzdem, noch einmal: Wir Vorarlberg-er sind In-tolerant. Sie können völlig frei entscheiden. Wenn Sie als Vorarlberger in Zukunft zu dieser In-Ter-essensgruppe gehören wollen, sind Sie jedoch gezwun-

gen, sich umgehendst folgende normierte Grundaus-
stattung zuzulegen:

1 Schuhe: Leder, italienisches Fabrikat, Sakrileg: Farbe
weiß
2 Hose: dezente Nobeljeans, die teuren Eindruck machen.
3 Sakko, Marke Boss
4 Hemd, weiß, teuer (hier sich keinesfalls lumpen
lassen), faltenfrei oder gekonnt verknittert
5 nicht das, was Sie wieder denken, sondern Boxer-
Shorts (nicht sichtbar)
6 Uhr, Alternativen: 1. neueste oder seltene Swatch;
2. Keywatch (Schipaß-Uhr); 3. echte Nobeluhr, obe-
res Preislimit: 8000.–
7 Halskette, breit, Gold, nicht sichtbar
8 Zigaretten, Marke Muratti Ambassador, Packung
sollte des besseren Eindrucks wegen immer zu min-
destens drei Vierteln voll sein (d.h. nach 5 Zigaretten
neue Packung kaufen)
9 In-Parfum, dezent aufgetragen (z.B. Calvin Klein)
10 (Innentaschen) rechts: a) Mont-Blanc-Füllfeder b) Mo-
biltelefon (keinesfalls Piepser, da mega-Out), das zumindest einmal am Abend läuten sollte (vorher mit anderem In-Sider abmachen, daß er Sie gegen ca. 22.30
Uhr – nicht früher, da Lokal vielleicht noch zu leer –
anrufen soll), woraufhin Sie sich demonstrativ ge-
heimnistuerisch wegdrehen und ärgerlich in Ihr Tele-
fon murmeln: „Geschäftlich ? .... Net amol do hot ma
a Rua!" links: italienische Geldtasche, Inhalt: mind.

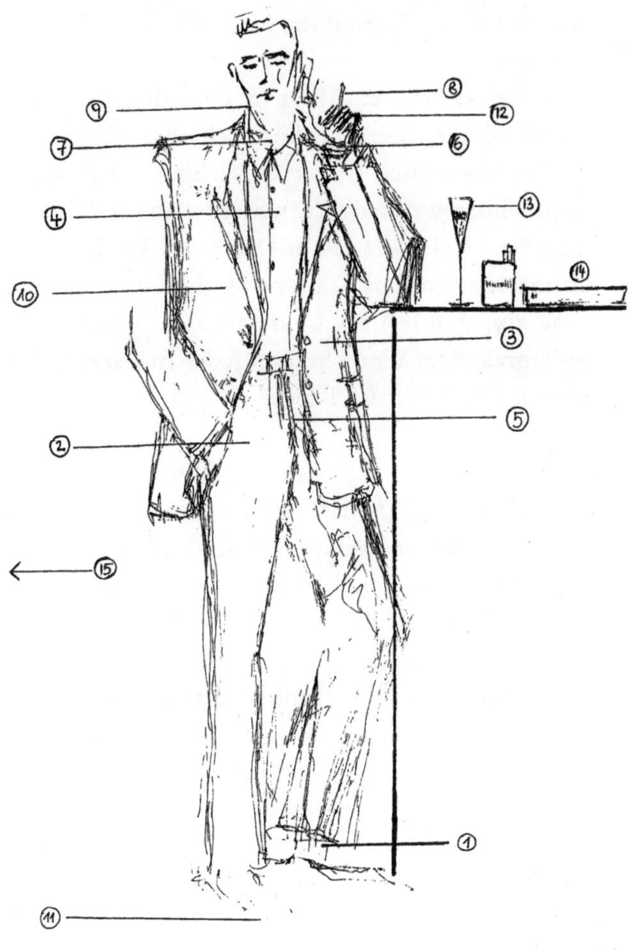

1/2 Monatsgehalt, American Express Goldcard, mehrere Dutzend Club-Ausweise

11 Standort: mehr hinter als vor der Theke; anzustrebendes Image: „Freund des Hauses"

12 Siegelring

13 Erlaubte Getränke: Moët & Chandon-Champus, Mexikanisches Bier (mit Limone!, ohne Glas!)

14 Backgammon-Brett (Reservespiel: Shut-the-Box), gespielt wird, soweit möglich, nur mit dem Wirt (Image!, siehe Nr. 11), Einsatz: ein In-Drink (z.B. Wodka-Feige)

15 (direkt vor dem Lokal, am besten in der Fußgängerzone abgestellt): Auto, Optimalmarke: Lancia Delta In-Tegrale. Der Wunschtraum jedes In-Parkers: Parken im Lokal vor der Theke.

Sollte auch nur ein Bestandteil dieser In-offiziellen Minimalausrüstung fehlen, laufen Sie Gefahr, von bereits In-tegrierten In-Typen In-stinktiv als abtrünniges (genannt In-Sekt) und für diese Gruppe In-haltloses In-Dividuum abgestempelt zu werden.

P.S.: Nicht unerwähnt bleiben darf an dieser Stelle die In-Sitte des Clubbing. „Club" bedeutet zwar „Keule", doch bedeutet Clubbing nicht, daß sich alle In-Nigen gegenseitig mit einer solchen den Schädel einschlagen (was zwar ein volkswirtschaftlicher Verlust, dafür aber ein nicht zu unterschätzender geistesgeschichtlicher Gewinn wäre), sondern ganz im Gegenteil: In einer Art In-Vasion wandern alle In-Fantilen von einem In-Lokal in das nächste und zelebrieren In-brünstig ihre eigene In-Nung.

Lokalführer

Dieser Lokalführer erhebt keinen Anspruch auf Vollständigkeit, womit gemeint ist, daß die Autoren a) zu bequem waren, jede Bar in Vorarlberg abzuklappern, b) nicht das nötige Kleingeld dafür hatten (was sie aber sofort nachholen, falls sich dieses Buch gut verkauft). Da die Autoren aus dem Oberland stammen (wofür sie nichts können), werden verständlicherweise die Gaststätten dieser Region stärker behandelt. Aus diesem Grunde wollen wir uns hiermit bei den Gastwirten des Unterlandes für die Ungnade unserer südlichen Geburt entschuldigen und diesen außerdem versichern, daß wir in den wenigen Lokalen die jenseits des Kummenbergs geprüft wurden, eine sehr gute Atmosphäre und exquisite Küche vorfanden. Dies legt den Schluß nahe, daß die Gastronomie des Nordens der des Südens zumindest ehenbürtig ist, wenn nicht sogar nachsteht, womit wir am Ende zu dem Schluß kommen, daß wir Ihnen sämtliche Lokale und Gaststätten dies- oder jenseits des Kummenbergs nur wärmstens empfehlen können, womit sich dieses Kapitel nunmehr selbst ad absurdum führt, wofür wir uns entschuldigen.

P.S.: Um nicht in den Verdacht der Ausländerfeindlichkeit zu kommen, soll hiermit der Bitte des steirischen Wirts des Oscar-Kinos in Feldkirch um namentliche Erwähnung ausnahmsweise stattgegeben werden: Er läßt ausrichten, in seinem Lokal dürfe man sich erst dann zur Stammkundschaft zählen, wenn man von ihm regelmäßig vor versammelten Publikum „schwach agredat" wird.

Essen und Trinken

Die ursprüngliche Vorarlberger Koch- und Eßkultur
wird zwar gottlob zunehmend durch diverse ausländi-
sche Einflüsse in die Defensive gedrängt, doch sollten
Sie als körige Vorarlberger Hausfrau trotzdem in der
Lage sein, Ihrem Mann zu jeder Tages- und Nachtzeit
folgende Speisen fachgerecht zuzubereiten:

Eierkuttla
Flädlesuppa
Funkaküachle
Grumpararibl
Haferloab
Käsknöpfle
Käsknöpfle mit Öpfelmuas
Käsknöpfle mit Räßkäs
Käsknöpfle mit surem Käs
Käspflota
Kästönnala
Kriaseribl

Milk und Bröckle
Pappilemuas
Pfannaschiba
Ribl
Ribl mit Holdermuas
Ribl mit Kaffee
Schupfnudla
Schwozar Muas
Spinatknöpfle
Tratarwürm

und zum Trinka an Moscht.

Kennen Sie den?

Net nidig si, oft
trüegt der Schi

Bisher wurde vom „Vorarlberger" meist im Sinne eines Durchschnittstypen gesprochen. Doch natürlich gibt es auch in Vorarlberg hervorragende Persönlichkeiten, die sich durch besondere Leistungen oder auch nur durch ihren Unterhaltungswert (UW; 1 = sehr gut, 5 = nicht genügend) ihren Platz in der folgenden Liste erworben haben. (Die Ausführungen entsprechen natürlich voll und ganz der objektiven Wahrheit, von den wenigen Ausnahmen subjektiver Einschätzungen einmal abgesehen.)

Belcredi „Quaxi" Carl-Michael: ORF-Meteorologe, aufgewachsen in Vorarlberg, Wahlwiener, Verbindung zu Vorarlberg: Schleichwerbung für Vorarlberger Textilerzeugnisse (bevorzugt: karierte Sakkos und Pullover bei Schlechtwetterprognosen)

Bertsch Josef alias „Kessel-Bertsch" („Kessel" bezieht sich auf seine Produktlinie): Handelskammerpräsident und Honorarkonsul ihrer Majestät Be-

atrix, der Königin der Niederlande. Wahlspruch:
„Lieber mächtig als schmächtig"

Bilgeri „Rockprofessor" Reinhold: ehemaliger
Mittelschullehrer (auch der Autoren) und Ehemann
von Beatrix „Schloßgeist" Kopf, der von der
Schule auszog, um die Musikkritiker das Fürchten
zu lehren (unnötig zu erwähnen, daß dieses
Vorhaben von Erfolg gekrönt war). Höhepunkt und
geistige Ausbeute seines bisherigen künstlerischen
Wirkens: „Some Girls are Ladies".
UW: 2

Bodenmüller „Bodo" Klaus: Sportler; wirft seit
Jahren eine schwere Eisenkugel weit von sich
weg, auf daß sie weiter hinten lande als die seiner
Konkurrenten

**Böhler „Mäser, nein Böhler, ääh jetzt Mäser,
genau Mäser" Angelika:** Fernsehmoderatorin
(„Voralberg Heute") von beispielhafter Eloquenz
(oder besser Redegewalt?), Versprecher eher selten;
einziger Makel: kann sich nicht an ihren neuen
Nachnamen gewöhnen, Vorschlag: hätte einen
Böhler heiraten sollen, UW: 1

Burtscher „Unterhauser" Wolfgang: „Vorarlberg
Heute"-Moderator; leidet am Elmar-Oberhauser-
Syndrom, Interviewstil:
„Wann treten Sie zurück ?"

„Ich möchte dazu noch keinen Kommentar
geben.“
„Ja, aber treten Sie jetzt zurück ?“
„Wir werden das Wahlergebnis analysieren und
dann parteiintern...“
„Treten Sie doch zurück.“
„Eine Stellungnahme dazu wird nach der
Klubsitzung...“
„Ich würde zurücktreten.“
„Wenn ich das Vertrauen meiner Partei weiter-
hin...“
„Ach ja, was ich noch fragen wollte: Treten Sie
eigentlich zurück ?“.
(ad infinitum, bis die Sendezeit zu Ende ist oder
der Politiker einen Schritt zurück tritt) UW: 2-3

Fend „Tropic“ Werner: gibt Sprachkurse für
Vorarlberger Dialekt im ZDF, unterrichtete auch
bereits erfolgreich menschenfressende Tiger
(„Woascht, Minzile, bi üs set ma: No ned hudla
vor em Sterba“), Erfolgsrezept der aufsehener-
regenden Nahaufnahmen: lullt die reißenden
Bestien mit seiner sonoren Stimme in den Schlaf.

Feuerstein „Ehrenschutz“ Gottfried:
Abgeordneter zum Nationalrat, Junggeselle und
Ball-Tiger vom Dienst

Girardelli Mark, Helmut: Lustenaus erfolgreichster
Exportartikel seit der Erfindung des Senfs, Export-
quote: 100%, Handelpartner: Schweiz, Luxem-

burg. Was sie mögen: Luxemburg, Bödele,
Appenzell, Weltcup. Was sie nicht mögen: Alberto
Tomba, Teamwork, Akelei-Felsen, Bevormundung,
ungehorsame Kinder (Helmut), auf eigenen
Beinen stehen (Mark) UW: 1 (Helmut), 2 (Mark)

Greenbank Kelly: Eishockeycrack und Vorarlberger
Sportler des Jahres 1991,
UW: 3-4 (kein Playoff – keine Unterhaltung)

Herburger Ulrich: „Vorarlberg Heute"-Redakteur,
Erkennungsmerkmal: Trenchcoat, Schnurrbart,
Backpfeife

Huss „Joe" Josef: Schlagzeug („Schiaßbudl")-Lehrer
aus der Steiermoooaaak, der seit Jahren erfolglos
versucht, den Vorarlbergern Lockerheit beizu-
bringen: „Wounn de Depressieven mit ihre
Giechtfinga über de Krotzbürstn (gemeint sind
Geiger und Gitarristen, Anm.) foan, san de Dodln
mit de Schweinsohrn eh scho zfriedn, wö bei der
Musik, die de hörn, kriagst souwiesou an
Kuazschluß in Transformatorhäusl. Na, glaub ma:
I bin da Doukta und ihr seid's die Patienten,
ealich, oba i hear jetz auf, ealich."
UW: 1

Innauer „Guru" Toni: Cheftrainer der Schispringer,
der nun auch Österreichs Fußballspielern das
Springen beibringen soll

Jussel Eugen: Maler und Kunstprofessor, Ehrenretter der Vorarlberger und insbesondere der Feldkircher Kunstszene.

Köhlmeier „Scarface" Gerhard: Bürgermeister; standhafter als Jutta Kräutler-Berger, UW: 1

Köhlmeier Michael: Schriftsteller, Vorarlbergs bekanntester (und beinahe einziger) Kulturexport, „Musterschüler" der Vorarlberger Literaturszene

Kopf „Black Beauty" Beatrix: Schönheitskönigin von dazumal, die sich das Erfolgsrezept der Habsburger „Tu, Beatrix Miss Austria, nube" zu Herzen nahm und dank (trotz?) ihrer Liaison mit Reinhold Bilgeri und ihres (schwindelerregenden) schauspielerischen Talents den Sprung in den Wörthersee schaffte.

Kraher „Walli" Walfried: Organist im Dom St. Nikolaus zu Feldkirch. Selbsteinschätzung: „Zuerst kommt der Große Chef. Dann kommt der gute Bach, dann lang, lang nix, und dann kommt der liebe Walfried." UW: 1-2

Kräutler-Berger Jutta: Landtagsabgeordnete der Grünen Alternative. Besondere Kennzeichen: Hat gegen die etablierten Parteien oft einen schweren Stand und verliert daher bisweilen den Boden unter den Füßen. Was sie nicht mag: Autoweihen, Fernsehkameras bei Autoweihen

Küng „Iron Man" Klaus, DDr.: Bischof, Arzt und
Prüfling Gottes, letzter Gralshüter von Anstand
und Moral im Land der aufgehenden Zügel-
losigkeit; dürfte aufgrund seiner supranaturalen
Sichtweise als Opus-Dei-Bischof, seiner Erfahrung
als Mediziner und nicht zuletzt auch seiner pro-
funden Kenntnis der ansehlichen Sexualität wegen
als einziger in der Lage sein, das Aids-Problem
noch vor der Jahrtausendwende zu lösen (ohne
Kondome selbstverständlich). Was er mag: Klaus
Küng, das 1. Vatikanische Konzil, Bischof Haas,
Bischof Krenn, Kardinal Groer, den Papst,
Bußgürtel. Was er nicht mag: die übrigen, das
2. Vatikanische Konzil.
UW: ungebrochen 1+

Längle Matrin: Sportmoderator („Vorarlberg
Heute"), erinnert in seiner Ungezwungenheit und
Gelöstheit an das Frühwerk Boris Karloffs

Mathis Toni & Schenk Christian: Wunderheiler
aus dem Ländle, die Vorarlbergs kaputte Sportler-
knie wieder auf Vordermann bringen, damit's
bei der nächsten Olympiade auch wieder viele
schöne Medaillen gibt, nach welcher das Flick-
werk wieder von vorne beginnt, damit's bei der
übernächsten Olympiade wieder viele schöne
Medaillen gibt, usw. usf. Einziges Problem:
Werden beim Kneten und Schnipfeln permanent
von Presse, Rundfunk und Fernsehen belästigt,
was sie sehr stört.

Motter Klara: Unverwüstlicher Evergreen, äh Everblue

Oberhauser Elmar, genannt „Der Bohrer“: Fernsehmoderator der ZiB („Zuerst immer Bohren“) 2; liebt es, seine Interviewpartner – bevorzugterweise Politiker und hohe Kirchenmänner – mittels einer einzigen Frage so lange zu malträtieren, bis er schließlich die Anwort bekommt, die er sich schon vor der Sendung gewünscht hat.

Ortlieb Patrick: Abfahrts-Olympiasieger aus Lech a. Arlberg. Was er nicht mag: Kurven (auf der Schipiste zumindest).

Paterno „Gustl“ August: Kaplan, Fernsehprediger und bewärtester Adabei der katholischen Kirche, dessen metaphysische Aktivitäten sich zur Zeit jedoch auf das Testen von Esoterikartikeln beschränken (O-Ton: „Ich bild mir ein, daß die violette Karte meinen Hexenschuss ein wenig gelindert hat“), OW: 2- sinkend

Pezzey „Mama“ Bruno: Ex-Fußball-Nationalspieler und Ex-Waschmittelwerber

Polanec „Springinggl“ Günther: Mister-100.000-Volt der „Vorarlberg Heute“ Sendung, befindet sich als Moderator des „Vorarlberg Heute“-Spiels stets am Rande eines Nervenzusammenbruchs. Was er nicht mag: auf der Straße als Günther Polanec erkannt zu werden. UW: 1-2

Purtscher Martin: Landeshauptmann, „Mr. Körig“, Bilderbuchkarriere („Vom Schokoladevertreter zum Landeshauptmann“), kann sich wegen seiner Körigkeit kein Engagement in der Bundespolitik vorstellen, UW: eigentlich 4 (da allzu körig), aufgrund seines Kurzauftritts als Christbaumlieferant in Diensten des Vatikan jedoch 3

Rhomberg „Tschuppa“ Günther: Textil-Magnat, Festspieldirektor und Opernballbucher aus Dornbirn, mit dessen Friseur man beizeiten mal ein ernstes Wörtchen reden sollte.

Ruß Eugen A.: Rupert Murdoch vom Bodensee

Salzgeber Rainer: konnte sich aufgrund seiner Eigenschaft als Freund von Anita Wachter für diese Liste qualifizieren.

Schmidt Edgar: Lehrer und Kritiker, weshalb er hier nicht kritisiert werden soll (wer weiß, vielleicht kritisiert er noch dieses Buch)

Schöch Klaus: Vorarlbergs bekanntester Volksschauspieler, „Nochejasser“ bei „Vorarlberg Heute“, Scheffknecht-Hälfte bei „Scheffknecht und Breuss“, Bieranpreiser, theatralisches Erkennungsmerkmal: Kastratenchorlachen

Schurig Fidel: Vorarlbergs größtes Allroundtalent: Theater- und Operettenregisseur, Bühnenbild-

ner, Maler, Zeichner, Designer, Werbegrafiker,
Lehrer; leider noch nicht vom Ausland entdeckt;
einziger Makel: kann sich Namen und Gesichter
nur sehr schlecht merken, weshalb er auch als
Vernissageredner den Illustrator dieses Buches,
Josef Vögel, als Hans Vögel vorstellte und ein Pop-
Art-Bildnis von Mickey Rourke als Hans Vögels
Selbsbildnis deutete.
UW: 1

Simma Kaspanze: erloschener Stern der grünen
Bewegung, mußte rotieren, darf seinen „Breand"
daher nicht mehr im Landtag verzehren

Stadler Ewald: FPÖ-Politiker, Stichwort: „Hunde,
die bellen, beißen nicht" UW: 3

Starchl Heinz: SPÖ-Funktionär und Mehrfachunter-
nehmergenosse, besondere Kennzeichen: Wenn Sie
durch die Feldkircher Innenstadt laufen und Sie
treffen den Karl Marx, dann ist es der Heinz
Starchl.

Strolz Hubert: Skirennläufer, Olympiasieger,
Pechvogel und Sympathiegewinner von Albertville

**Tiefenthaler „Diego Moreno Gitano Andaluz"
Dietmar:** Gitarrist mit internationaler Erfahrung
aus Gurtis, bevorzugter Aufenthaltsort: Spanien,
Mexiko und „alles zemma".
UW: 1 +

**Wachter „Villicht gots mara etsches besser"
Anita:** Dreifacholympiamedaillengewinnerin aus
dem Montafon; demonstriert in den Medien
immer wieder eindrücklich den Qualitäts-
unterschied zwischen Montafoner Schischule und
Montafoner Deutschunterricht. UW: 1

Wechner „Top Gun" Bruno: Alt-Bischof und
Sonntagsjäger

Wirtschafts-U-Boote: Eine nicht unbeträchliche An-
zahl von Vorarlberger Wirtschaftskapitänen hat
durch ihren Fleiß und ihr Körig-si sich und dem
Land zu Wohlstand verholfen, wofür wir ihnen
herzlich danken. Ihnen gebührt zweifelsohne ein
Platz in dieser Auflistung. Doch leider hat sich
ihre Körigkeit auch in ihrer Unscheinbarkeit
niedergeschlagen, weshalb man sie nur selten in
den Medien sieht. Daher ist auch alles, was man
über sie weiß, daß man nichts über sie weiß (klassische Bildung!). Lieber Herr Grass, Rupp, Blum,
Schelling, Doppelmaier, Rauch, Rhomberg,
Zumtobel (Jörg)...: Corporate Identity! Public
Relation ! UW: 5

Zumtobel „Zumbi" Martin: Lebensmittel-
kettenbesitzer, Gründer der Wirtschaftspartei,
Kammerschreck und erfolgreichster Stammkunde
bei Verwaltungs- und Verfassungsgerichtshof

Bei allen, die für sich einen Platz in dieser Auflistung beanspruchen und die wir aus irgendeinem Grund vergessen haben, wollen wir uns hiermit entschuldigen und ihnen die Möglichkeit bieten, sich selbst in den erlesenen Klub der Vorarlberger Prominenz aufzunehmen:

Nachname:

Spitzname, so vorhanden:

Vorname(n):

Beschreibung:

UW:

Nachtrag

Ganz zum Schluß noch ein Tip, wie sie dem Vorarlberger Hinterwäldlerimage doch noch einen gewissen kosmopolitischen Touch geben können:

Marlon Brando

Machen Sie es doch wie das Ehepaar Brändle, das sein Kind auf den Namen Marlon getauft hat.

P.S.: Um allfälligen Mißverständnissen vorzubeugen: Es handelt sich in diesem Fall nicht um einen jener genialen Wortwitze, wie sie in diesem Buch dutzendweise vorkommen, sondern um die reine Wahrheit.

Marlon Brändle

Danksagung

Für Trocka und Naß:
Deo gratias !

Nach so viel Internationalität wollen auch die Autoren nicht nachstehen und ebenfalles eine typisch amerikanische Danksagung an den endgültigen Schluß dieses Buches setzen. Folgende Personen haben großen Anteil an der Entstehung dieses Buches, wofür wir ihnen hiermit unsere Wertschätzung ausdrücken wollen:

Dr. med. & Dr. theol. Diözesanbischof Klaus Küng für seinen unermüdlichen Einsatz als supranaturaler Witzlieferant und Karol Woytila alias Johannes Paul II., der ihn uns beschert hat; allen In-Fernalischen, auf daß sie uns weiterhin In-konsequent Stoff für Bücher liefern mögen; den körigen Vorarlberger Männer und Frauen für ihre unvergleichliche Art; allen Käufern dieses Buches aus dem In- und hoffentlich auch Ausland; den in diesem Buch erwähnten Prominenten Dank im voraus, daß sie uns nicht verklagen (we love ya'); Gabi Jörger, und Heiko Korndorf für ihre kritische(?) Durchsicht des Manuskripts; unseren Eltern, die maßgeblich daran beteiligt waren (oder schuld sind ?), daß wir so geworden sind, wie wir sind; allen

Freund(inn)en und Bekannten, die uns nicht für grö-
ßenwahnsinnig hielten (was sich noch herausstellen
wird), sondern uns während der Entstehung dieses
Buches mental unterstützt haben.

Vergelt's Gott !